69 FORMAS DE SATISFAZER SEU PARCEIRO

SEGREDOS SEXUAIS PARA UM PRAZER MÁXIMO

CONFORME NOVO ACORDO ORTOGRÁFICO

NICOLE BAILEY

69 FORMAS DE SATISFAZER SEU PARCEIRO

SEGREDOS SEXUAIS PARA UM PRAZER MÁXIMO

Tradução:
Soraya Borges de Freitas

Madras®

Publicado originalmente em inglês sob o título *69 Ways to Please your Lover – Sex Secrets for Ultimate Pleasure* por Duncan Baird Publishers Ltd.
© 2004, Duncan Baird Publishers.
© 2004, Texto de Kesta Desmond (pseudônimo: Nicole Bailey).
© 2004, Fotos de Duncan Baird Publishers.
Direitos de edição e tradução para o Brasil.
Tradução autorizada do inglês.
© 2010, Madras Editora Ltda.

Editor:
Wagner Veneziani Costa

Produção e Capa:
Equipe Técnica Madras

Tradução:
Soraya Borges de Freitas

Revisão:
Denise R. Camargo
Arlete Genari

CIP-BRASIL. CATALOGAÇÃO-NA-FONTE
SINDICATO NACIONAL DOS EDITORES DE LIVROS, RJ

Bailey, Nicole
69 Formas de Satisfazer seu Parceiro: segredos sexuais para um prazer máximo / Nicole Bailey; tradução de Soraya Borges de Freitas. - São Paulo: Madras, 2010. Título original: 69 Ways to Please your Lover: sex secrets for ultimate pleasure

ISBN 978-85-370-0294-0

1. Erotismo 2. Exercícios sexuais 3. Fantasias sexuais 4. Prazer 5. Sexo
I. Título.

07-8484   CDD-613.96

Índices para catálogo sistemático: 1. Práticas sexuais: Guias 613.96

Proibida a reprodução total ou parcial desta obra, de qualquer forma ou por qualquer meio eletrônico, mecânico, inclusive por meio de processos xerográficos, incluindo ainda o uso da internet, sem a permissão expressa da Madras Editora, na pessoa de seu editor (Lei nº 9.610, de 19.2.98).

Todos os direitos desta edição, em língua portuguesa, reservados pela

MADRAS EDITORA LTDA.
Rua Paulo Gonçalves, 88 – Santana
CEP: 02403-020 – São Paulo/SP
Caixa Postal: 12183 – CEP: 02013-970 – SP
Tel.: (11) 2281-5555 – Fax: (11) 2959-3090
www.madras.com.br

Índice

INTRODUÇÃO:

A Essência do Prazer 8

Parte Um: Ações 10

Fantasie 14

Jogue 20

Acaricie 26

Beije 26

Mordisque 34

Respire 40

Sussurre 46

Controle 50

Lamba 54

Chupe 58

Penetre 62

Parte dois: Pontos Quentes 68

Orelha 72

Boca 76

Pescoço 80

Seios 84

Umbigo 88

Clitóris 92

Ponto G 96

Pênis 102

Testículos 108

Bumbum 112

Dedo do pé 116

Parte três: Sentidos 120

Tato 124

Paladar 128

Visão 132

Olfato 136

Audição 140

Introdução

A Essência do Prazer

Se você estiver lendo isto na cama com alguém que acabou de conhecer ou com seu parceiro ou parceira de muitos anos, *69 Formas de Satisfazer seu Parceiro* é para você. Ele é um guia para todos os momentos gostosos do sexo.

A primeira parte é sobre técnicas – ela aborda tudo, desde jogos até penetração. A segunda parte é um *tour* pelos pontos quentes do corpo, com dicas sobre como estimulá-los. A terceira parte mostra como estimular cada um dos cinco sentidos para que o sexo se torne uma viagem de prazer, rica e sensual, que você experimenta não só com seus genitais, mas também com seu nariz, sua língua, seus olhos e seus ouvidos.

Você não precisa ter um corpo perfeito para ter um ótimo sexo. Nem necessita de um repertório de "ações" impecáveis. Em geral, tudo de que precisa é um sentido de curiosidade e a vontade de experimentar. Um casal que conheço revitalizou sua vida sexual combinando "encontros sexuais" à tarde um com o outro. Os resultados foram surpreendentes – a vida sexual deles foi de morna a apimentada em alguns dias. O sexo transformou-se em lazer. Eles navegaram por sites sobre sexo na Internet, compraram brinquedos eróticos e livros; e até frequentaram aulas de sexo tântrico. Eles são a prova viva de que satisfazer seu parceiro ou sua parceira é uma questão de atitude e entusiasmo. Espero que as dicas e técnicas apresentadas neste livro inspirem, enriqueçam e deem vigor à sua vida sexual dessa mesma forma. Divirta-se lendo e, ainda mais, colocando tudo isso em prática!

Parte Um

AÇÕES

Fantasie · Jogue · Acaricie · Beije · Mordisque · Respire · Sussurre · Controle · Lamba · Chupe · Penetre

parte um | ações

Alguns dizem que a parte mais importante do sexo não é o ato em si, mas tudo que você faz antes – por exemplo, o modo como você sussurra no ouvido de seu parceiro (ou parceira), beija sua pele, faz sexo oral, confessa uma fantasia sexual íntima, mordisca seu pescoço ou pratica jogos sexuais. Essas são as coisas que realmente seduzem, cativam a imaginação e surpreendem o parceiro. A Parte Um está cheia de técnicas e ideias com o objetivo de melhorar a tensão sexual aos poucos e criar um clímax erótico para os dois. Há sugestões sobre como fazer do sexo algo mais divertido (gargalhadas e brincadeiras são grandes modos

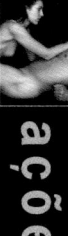

de livrar-se das inibições), melhorar as sensações usando simples técnicas de respiração, redescobrir a paixão com o beijo, aumentar a tensão sexual usando freios e dar um ao outro um sexo oral fantástico. Você pode ficar tão animado que a preliminar acabará no sexo. Mas de todas as ações possíveis, a mais crucial é a comunicação – falar sobre sexo e fazer perguntas simples um ao outro, como, por exemplo, "Você gosta disso?", podem ser um diferencial para que você possa melhorar sua vida sexual. E quando falar sobre sexo, não se esqueça de que todos amam receber elogios sexuais; então, elogie muito!

parte um | ações

As fantasias podem aumentar a temperatura durante o sexo. Elas mostram que seu cérebro, assim como seu corpo, está totalmente comprometido com o sexo. É como assistir a um filme erótico que você escreveu, dirigiu e estrelou – tudo na privacidade de sua mente. As fantasias podem ser sobre qualquer coisa, desde um encontro sexual com um belo estranho a uma completa orgia com dez pessoas, com acessórios de *bondage* (imobilização), chicotes e pênis de borracha. É comum sentirmos culpa por fantasiar ou ficarmos preocupados sobre o conteúdo das fantasias, mas sexólogos dizem que devemos apenas relaxar – desde que as fantasias não  substituam o desejo de fazer sexo com o parceiro ou tenha um efeito destrutivo em nossas vidas, não há problema. As fantasias devem ser devassas – se elas fossem inocentes, seguras ou mundanas, não teriam o poder de nos excitar. Algumas pessoas são muito criativas em suas fantasias e têm um vasto repertório de imagens e cenários. Outras acham as fantasias ilusórias. Se você pertence

parte um | ações

a esse último grupo, tente aproveitar um banho quente no qual você relembre suas experiências sexuais – a melhor, a pior, a mais engraçada e a mais ousada. Quais estimulam sua imaginação? Por quê? Descubra modos de enfeitar suas experiências ou apenas foque em um detalhe excitante – uma fantasia pode ser algo tão simples como uma imagem do corpo de alguém. Se sua libido está saturada ou se você acha difícil se excitar por estar cansado ou estressado, fantasiar pode dar ao seu nível de excitação o impulso de que precisa. Em geral, as mulheres que acham difícil alcançar o orgasmo relatam que criar imagens sexuais exageradas em suas mentes pode levá-las ao êxtase de uma maneira que fazer amor por horas não consegue. Sempre que possível, tente acabar com a distância entre o sexo sobre o qual você fantasia e o sexo que você faz na vida real. Então, faça amor no mar, vá para um motel e finja que vocês são estranhos, interprete personagens libidinosos ou faça *strip tease* um para o outro – siga tudo o que a imaginação mandar!

fantasie

parte um | ações

01 Invente uma história fantasiosa com seu parceiro (ou parceira). Diga, cada um, uma frase da história. Comece com: "Eu estava sentado(a) em frente a ela(e) em um trem lotado..." ou "Podia vê-la se despindo pela janela...".

02 Represente uma fantasia com seu parceiro. Acerte os detalhes – decore o quarto, use acessórios ou brinquedos eróticos, arrume-se e interprete papéis. Faça o que for preciso para realizar uma fantasia.

"você me n

parte um | ações

O sexo é diversão para adultos. Você pode esquecer tudo sobre obedecer a regras e, em vez disso, ser tão safado, sujo, ousado ou depravado quanto quiser. O sexo divertido significa expressar-se de maneiras novas, excitantes e bobas. Pode significar fazer sexo no jardim ao anoitecer e tentar ficar quieto para que os vizinhos não ouçam nada, pode ser decorar o corpo de seu parceiro (ou parceira) com frutas, derramar mel no pênis dele e recusar-se a chupar até que ele fale coisas obscenas para você, ou recebê-lo na porta da frente, vestida com sua *lingerie* mais atraente.

ostra a sua"

É claro que o sexo divertido estaria incompleto sem brinquedos. Se você não quiser visitar uma *sex shop*, compre pela Internet. A variedade de brinquedos eróticos é enorme – além de vibradores, pênis de borracha e equipamentos para imobilização, também é possível comprar extensões penianas de silicone, calcinhas comestíveis, micro vibradores (vibradores que cabem na ponta dos dedos), vibradores com cinta estimuladores do clitóris, joias para os mamilos e "balanços do amor", que são feitos para ficarem suspensos no teto para fazer sexo nas alturas.

jogue

parte ações

03 Tire algumas fotos obscenas e deixe-as em lugares que surpreendam seu parceiro (ou parceira) – na carteira, no bolso da jaqueta ou embaixo do travesseiro, quando você sair pela manhã.

04 Dê para seu parceiro (ou parceira) uma lista de compras com comidas afrodisíacas, tais como aspargos, figos, ostras, bananas e chantilly. Escreva no fim da sua lista de compras: "Volte logo".

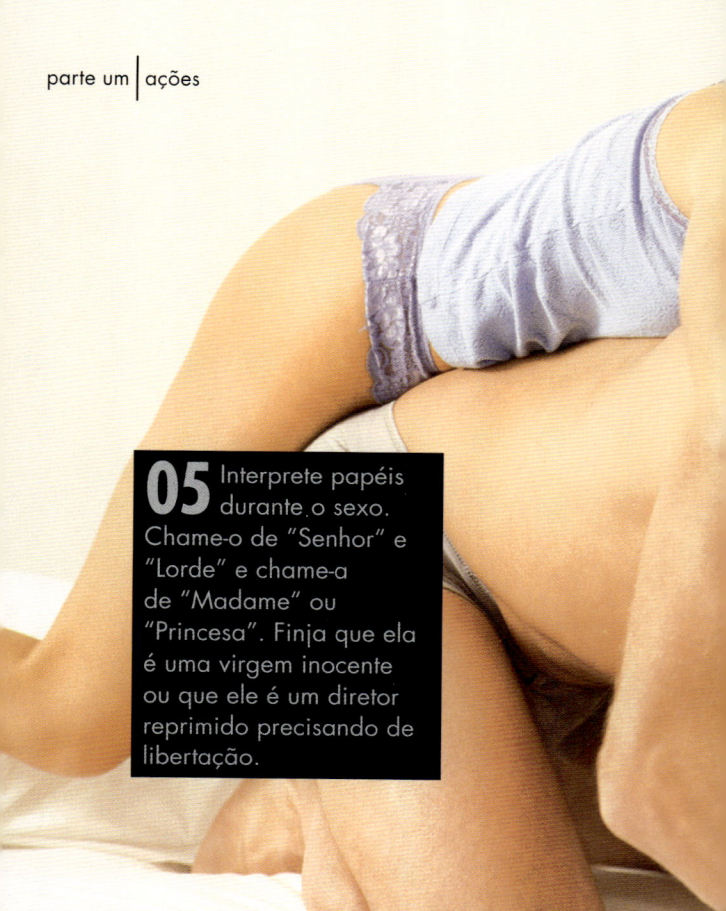

parte um | ações

05 Interprete papéis durante o sexo. Chame-o de "Senhor" e "Lorde" e chame-a de "Madame" ou "Princesa". Finja que ela é uma virgem inocente ou que ele é um diretor reprimido precisando de libertação.

parte um | ações

Imagine-se deitada (ou deitado) de bruços com seus olhos fechados e seu parceiro (ou parceira) ajoelhado ao seu lado. Você sabe que a qualquer momento ele vai fazer cócegas em suas costas com uma pena. A pele de todo o seu corpo está viva e arrepiada pela antecipação. O estímulo acorda você, energiza e faz você sentir que está realmente dentro de seu corpo. O tipo mais sensual de cócegas cria um sentimento que é uma meia-excitação, um meio arrepio. As melhores ferramentas para as carícias são suas mãos. Deite-se e peça para seu parceiro passar gentilmente a ponta de seus dedos ou de suas unhas sobre grandes áreas de sua pele. Como opção, deixe um pequeno espaço entre a ponta de seus dedos e a pele da pessoa – isso produz sensações que são literalmente de arrepiar. Outras boas ferramentas para carícias incluem seu cabelo (principalmente se for longo e fino), lenços de seda e penas ou espanadores. A carícia serve para criar uma sensação de expectativa no seu parceiro (ou parceira), e você pode aumentá-la ao vendar a pessoa, o que a fará se concentrar de forma ainda mais profunda em seu sentido de tato.

parte um | ações

06 Peça à sua parceira para colocar o jeans dela mais colado e depois use seus dedos para acariciar a parte interna de sua coxa e virilha. Quanto mais grosso for o tecido, mais forte será a carícia.

07 Junte algumas escovas que tenham cerdas de diferentes texturas. Vede seu parceiro (ou parceira) e dê-lhe um deleite sensual ao roçar as cerdas gentilmente sobre toda sua pele.

parte um | ações

De todos os atos sexuais, beijar é o mais íntimo e carregado de emoção. Um beijo eletrizante na boca, que dure alguns segundos, consegue fazer você implorar por sexo de um jeito que uma hora de carícias e amassos não conseguem. O beijo é a primeira impressão sexual que temos de nosso parceiro e pode aumentar ou diminuir o desejo por mais intimidade. O melhor tipo de beijo é aquele que você quer continuar para sempre. Vocês controlam o ritmo para combinar com a intensidade da vontade: começando devagar, ficando provocante e tentador e terminando mais insistente e apaixonado à medida que a tensão sexual aumenta. Nenhum dos dois se sente dominando ou dominado. Esse tipo de beijo pode ser algo único em vez de fazer parte da preliminar. Um beijo quente é um jeito essencial de manter a chama do sexo acesa nos relacionamentos; sendo assim, se você já está com seu parceiro (ou parceira) há muito tempo e deixou de beijá-lo(a), é hora de fazer uma revisão. Peça ao seu parceiro para beijar você como sempre quis, depois se deite e aproveite!

parte um | ações

08 Teste o "beijo consciente", no qual você se concentra 100% na sensação de beijar – o gosto, o sentimento, o cheiro da boca, dos lábios e da língua. Esteja completamente presente no momento.

09 Beijem-se como adolescentes: na rua, na última fileira de cadeiras do cinema ou no quarto. Mas, acima de tudo, beijem por muito tempo. Não pensem no que vai acontecer depois – beijem pelo mero prazer de beijar.

parte um | ações

suave

O maior especialista em mordidas e mordidinhas é Vatsyayana, autor do *Kama Sutra*. Ele classificou as mordidas de acordo com o lugar e como as marcas de dente ficaram. Por exemplo, "a 'mordida do javali' é gravada nos seios e ombros e consiste de duas linhas de marcas de dente." Vatsyayana também descreveu como os amantes usavam a mordida para comunicar a paixão. "Se ela estiver muito excitada... ela o pegará pelo cabelo, puxará sua cabeça para perto de si e morderá seu lábio inferior, então, em seu delírio, ela morderá todo seu corpo." Embora não

e forte

mordisque

esteja tão na moda hoje em dia, a mordida pode ser uma técnica sexual interessante. O quanto você e seu parceiro (ou parceira) gostam disso dependerá dos seus níveis de tolerância à dor. Mordiscar gentilmente as orelhas e os dedos das mãos e dos pés pode aumentar a temperatura erótica em segundos, enquanto mordidas fortes pode ser um estraga prazer instantâneo (a não ser, é claro, que você curta S&M). Uma boa técnica é sugar a carne de seu parceiro na sua boca, depois mordiscar de leve – tente isso no bumbum ou na parte interna do braço.

parte um | ações

10 Massageie o pênis ereto de seu parceiro com óleo e leve-o para sua boca. Use seus dentes para roçar a pele ao longo do comprimento do corpo peniano. Peça a ele para lhe dizer se ele prefere mais forte ou mais leve.

11 Coloque seus dentes superiores no topo do tecido entre seu dedão e o dedo indicador e sua língua na parte debaixo. Agora tire sua mão. Tente a mesma coisa nos pequenos lábios de sua parceira.

36 | 37

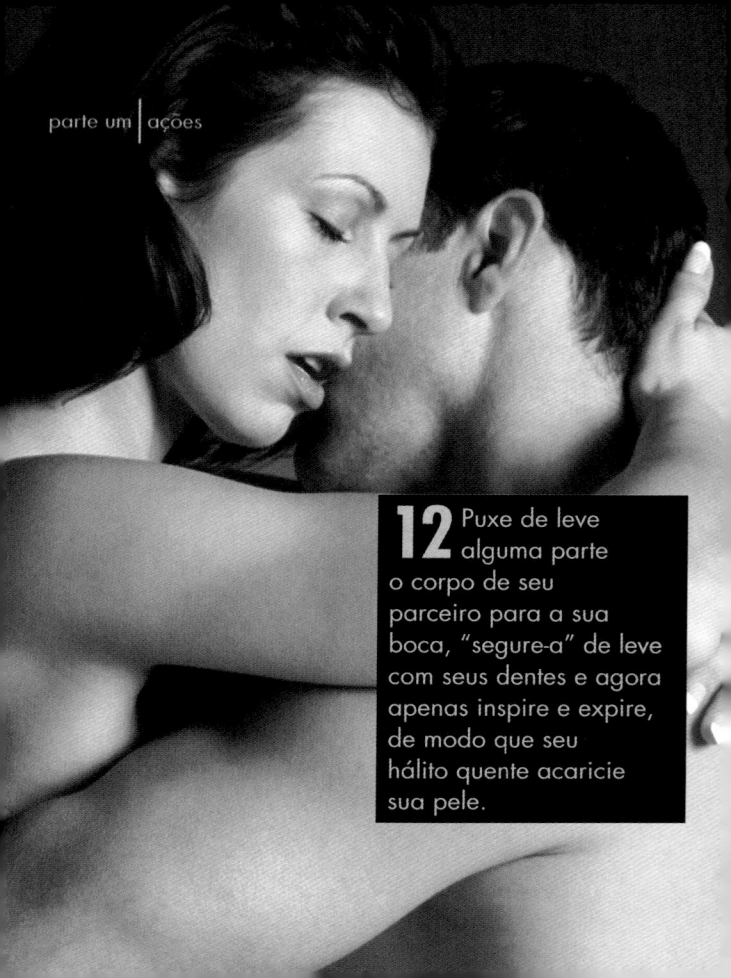

parte um | ações

12 Puxe de leve alguma parte o corpo de seu parceiro para a sua boca, "segure-a" de leve com seus dentes e agora apenas inspire e expire, de modo que seu hálito quente acaricie sua pele.

38|39

parte um | ações

Uma das maneiras mais fáceis, porém mais negligenciadas, de melhorar o sexo é usar a respiração. Iogues e mestres em sexo tântrico sempre souberam disso, e exercícios de respiração formam uma parte principal dos cursos de sexo tântrico. O princípio é simples: como você se sente – física e emocionalmente – está relacionado ao modo como você respira. Praticar um exercício respiratório simples com seu parceiro (ou parceira) antes do sexo é um jeito maravilhoso de sentir-se mais centrado. As pessoas em geral fazem sexo tarde da noite, quando estão cansadas – depois de reservar alguns minutos para concentrar-se, você será capaz de fazer amor de uma forma mais atenta e gostosa. Comecem sentando de pernas cruzadas um na frente do outro. Olhem-se nos olhos e deem as mãos. Feito isso, coloque a palma de sua mão no peito de seu parceiro, próximo ao coração. Observe a qualidade de sua respiração – ela é suave ou áspera, profunda ou suave? Aos poucos, faça um esforço consciente para diminuir a velocidade dela e deixá-la mais profunda e suave. Agora, sincronize sua respiração com a de seu parceiro, de modo que suas inspirações e expirações

parte um | ações

tenham a mesma extensão e textura. Imagine que suas respirações os unem e fazem vocês se aproximarem emocionalmente um do outro. Faça esse exercício por pelo menos dois minutos. Você também pode usar sua respiração durante o sexo para atrasar ou encorajar o orgasmo ou até para deixar o clímax mais intenso. Para atrasar o orgasmo, respire de forma longa, lenta e profunda e relaxe seu corpo e sua mente (isso é ótimo para homens com ejaculação precoce). Para encorajar o orgasmo, respire fundo e rápido, de forma que isso inunde todo seu corpo com oxigênio (isso é ótimo para mulheres que acham que o clímax é uma ilusão). Para deixar seus orgasmos mais intensos, segure seu fôlego durante os momentos que antecedem o orgasmo e, no momento crítico, solte um longo e alto "ahhhh". Algumas pessoas também acham que respirações curtas e ofegantes antes do orgasmo podem aumentar a sensação. Depois do sexo, conecte-se com seu parceiro (ou parceira) deitando na posição de conchinha e sincronizando sua respiração. Coloque as mãos um na barriga do outro para sentir o ritmo da respiração quando ela entra e sai de seus corpos.

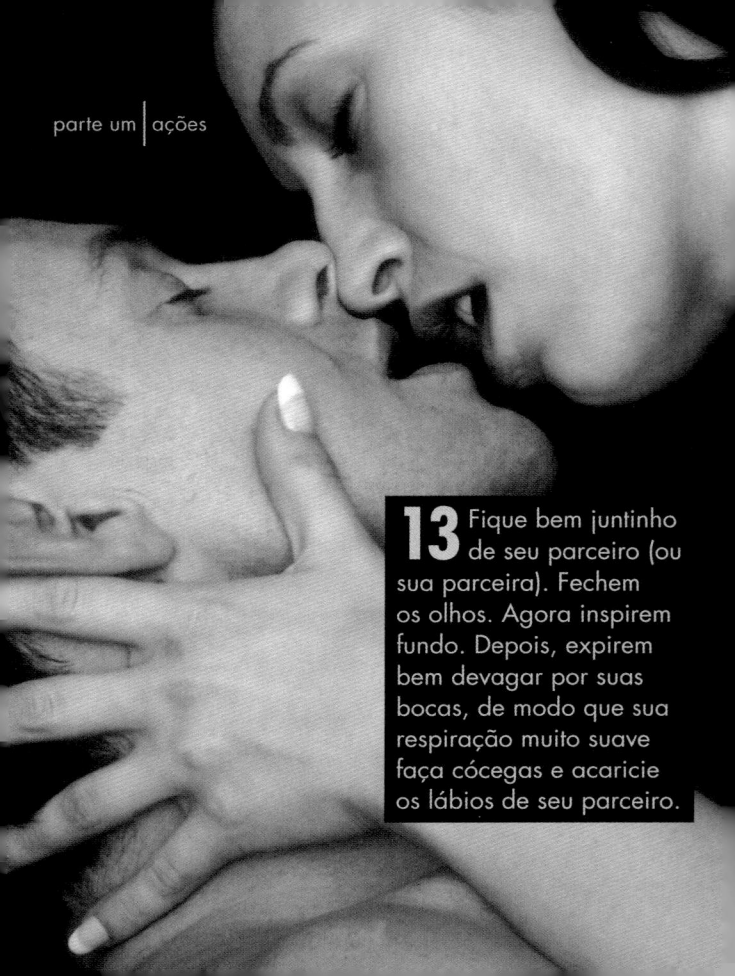

parte um | ações

13 Fique bem juntinho de seu parceiro (ou sua parceira). Fechem os olhos. Agora inspirem fundo. Depois, expirem bem devagar por suas bocas, de modo que sua respiração muito suave faça cócegas e acaricie os lábios de seu parceiro.

14 Tente a "respiração sensual" durante o sexo. Inspire fundo, até bem no fundo de seus pulmões. Enquanto faz isso, imagine que o ar está levando sensações eróticas por todo seu corpo.

15 Esta é a respiração mais íntima de todas: coloque seus lábios contra os lábios de seu parceiro para fazer uma espécie de selo hermético. Agora aspirem gentilmente a respiração um do outro.

"eu...quero...

parte um | ações

Não apenas fale isso para seu parceiro (ou parceira) – sussurre. Não importa se vocês estão sozinhos na cama ou em uma festa cheia de pessoas, sussurrar isso para a pessoa amada quer dizer: "Tenho algo muito secreto para te contar." Um sussurro exclui tudo e todos e leva você e seu parceiro para seu próprio universo erótico. Tente olhar sua parceira nos olhos e dizer: "Preciso te contar uma coisa." Depois, incline-se perto do ouvido dela, pause, e diga em seu sussurro mais lento e ofegante, "Eu...quero...muito...você".

muito...você"

A sensação do hálito quente contra a pele dela e a mensagem de paixão insistente podem ser algo muito sedutor. Agora é a vez dela... Um sussurro também é uma boa maneira de chegar perto de um estranho desejado. Falar com um estranho com uma voz alta quer dizer: "Estou desesperada para ter sua atenção". Falar com ele com uma voz suave quer dizer: "Sei que você vai ouvir". Mas sussurrar transmite uma segurança sexual verdadeira – o subtexto é: "Gostei de você e vou fazer você se aproximar de mim."

sussurre

16 Tente sussurrar estas palavras no ouvido do seu parceiro (ou parceira): "molhado", "duro", "sedoso", "língua". (Não ria enquanto faz isso!)

17 Ligue para seu parceiro de noite, quando vocês estiverem longe um do outro, e sussurre instruções no telefone. Comece com: "Quero que você abra seu cinto…".

parte um | ações

lenços

Se você gosta de ser amarrado ao pé da cama com lenços de seda ou se você prefere tiras de couro, correntes e algemas, deve haver algo incrivelmente liberador na imobilização. Ela pode transformar amantes conservadores em ávidos fetichistas ou atrevidas dominatrizes. Enquanto o dominador sente um prazer poderoso em ficar no comando, o dominado experimenta um obsceno e gostoso medo da degradação. Então, se você for o amo, amarre sua "vítima" usando uma corda macia, lenços ou laços – ou equipamentos profissionais

tiras d

de imobilização, se você tiver – e interprete seu papel ao máximo. Diga à sua "vítima" como ela(e) foi mal criado e que sua "punição" será a de obedecer a todos os seus comandos sexuais. Depois disso, puna seu parceiro excitando-o e pare em seguida com todo o estímulo até a hora em que você achar que deve continuar. Alguns casais gostam de estabelecer um código antes de começar o jogo da imobilização, de modo que eles possam pedir para parar a qualquer momento. Mas não escolha a palavra "para", porque gritar isso faz parte da diversão.

parte um | ações

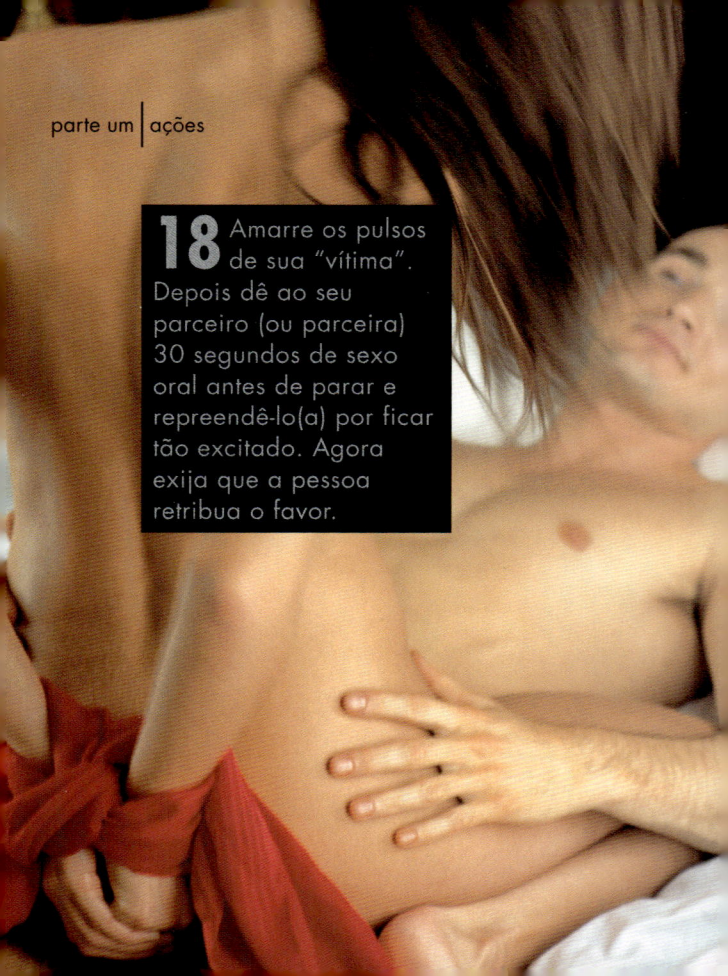

18 Amarre os pulsos de sua "vítima". Depois dê ao seu parceiro (ou parceira) 30 segundos de sexo oral antes de parar e repreendê-lo(a) por ficar tão excitado. Agora exija que a pessoa retribua o favor.

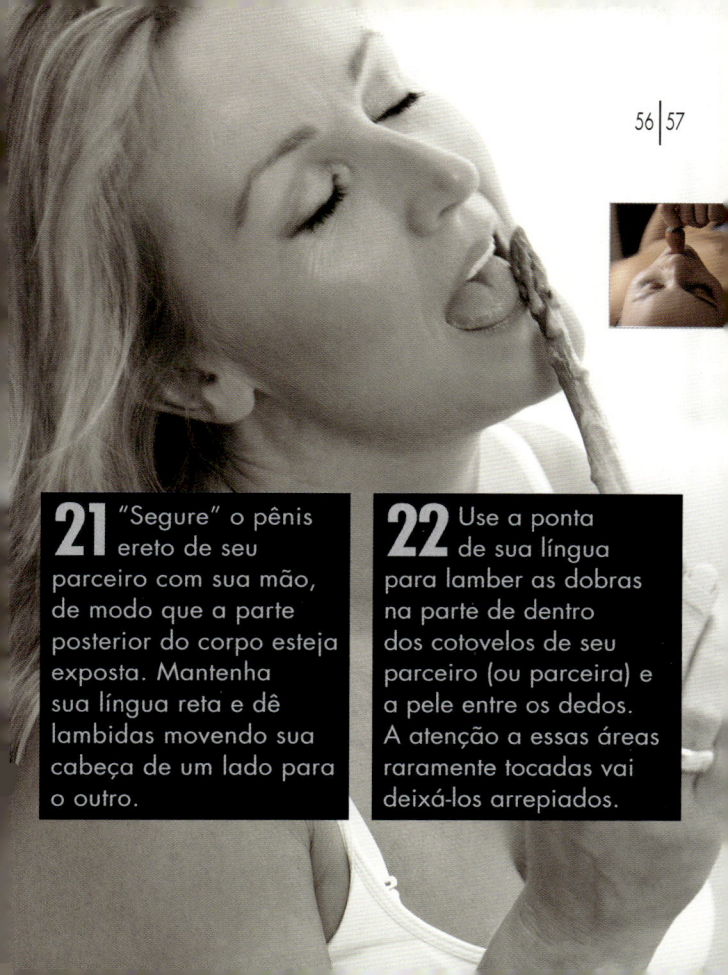

21 "Segure" o pênis ereto de seu parceiro com sua mão, de modo que a parte posterior do corpo esteja exposta. Mantenha sua língua reta e dê lambidas movendo sua cabeça de um lado para o outro.

22 Use a ponta de sua língua para lamber as dobras na parte de dentro dos cotovelos de seu parceiro (ou parceira) e a pele entre os dedos. A atenção a essas áreas raramente tocadas vai deixá-los arrepiados.

parte um | ações

Se você gosta de gestos provocantes, tente chupar um pirulito enquanto olha de forma sugestiva nos olhos de seu parceiro (ou parceira). A mensagem é clara: "Vem cá e me deixa chupar você também!". Chupar partes do corpo, como dedos das mãos, dos pés, mamilos e genitais, pode ser uma experiência orgástica. O truque é usar seus dentes, língua e lábios ao mesmo tempo para criar sensações múltiplas. Mas não chupe o pescoço do seu amado (ou amada), a não ser que você queira cobri-lo de marcas escuras de chupões. Enquanto a maioria dos homens amam ter seus pênis chupados, algumas mulheres acham que chupar direto o clitóris é algo muito intenso, a menos que elas estejam no auge da excitação – se ficar em dúvida, pergunte primeiro. Chupar é uma ótima maneira de provocar uma ereção no homem depois que vocês fizeram sexo algumas vezes e o pênis estiver amolecido. Coloque seus lábios ao redor da base do pênis, fazendo um selo hermético. Agora chupe o mais forte que conseguir, pelo tempo que puder (não se esqueça de respirar pelo nariz!). Essa chupada forte cria um vácuo que faz o sangue irrigar o pênis resultando em uma ereção.

parte um | ações

23 Use seus dentes da frente para empurrar com jeito o clitóris para expor a ponta. Chupe-o até que ele fique retesado. Ainda chupando, lamba-o rápido fazendo movimentos da esquerda para a direita.

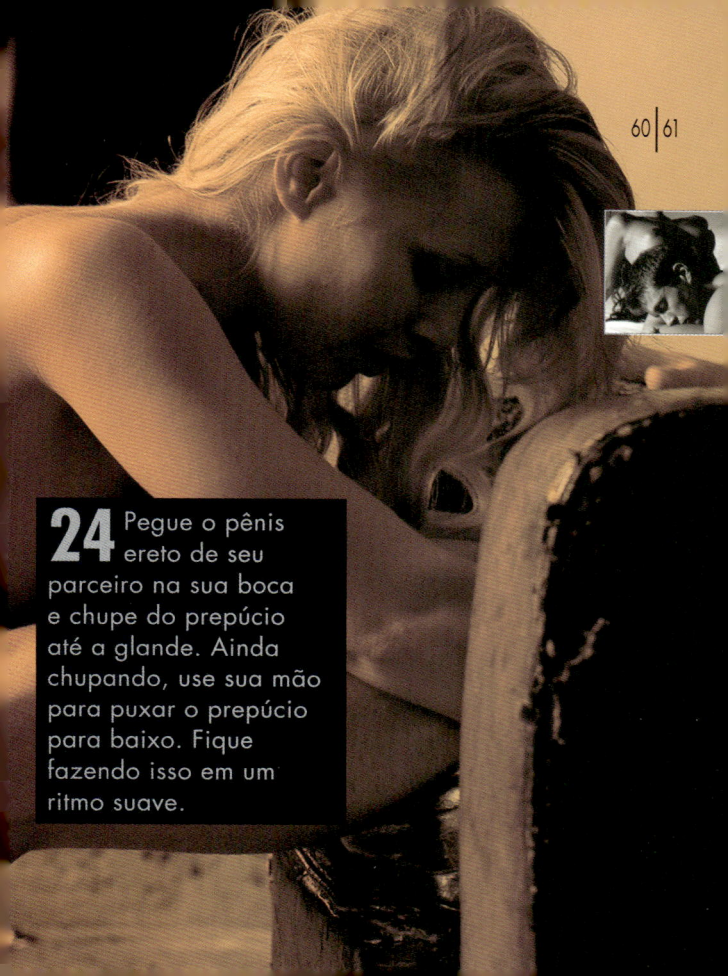

24 Pegue o pênis ereto de seu parceiro na sua boca e chupe do prepúcio até a glande. Ainda chupando, use sua mão para puxar o prepúcio para baixo. Fique fazendo isso em um ritmo suave.

"mais rápido... mai

parte um | ações

A penetração pode ser praticada de pé, sentado, deitado, de lado, deitado com a cabeça sobre os pés ou frente a frente. As variações são infinitas. O sexo fica chato se você sempre fizer do mesmo jeito; então, seja criativo. Mulheres: para estimular seu ponto G, incline-se para trás com ele dentro de você, depois coloque os pés no peito de seu parceiro. Ou, prove a sensação da penetração sem movimento, ficando em cima dele e, assim que ele estiver dentro de você, deite-se e descanse sua cabeça entre os pés dele. Homens: para desfrutar da penetração profunda frente a frente, faça com que ela fique

evagar... mais forte"

sobre você de pernas abertas, enquanto você fica sentado em cima dos calcanhares. Ou, se você ama penetração anal, peça a ela para ficar agachada com as mãos no chão e então arrume suas pernas de modo que ela fique em uma posição semiereta, de costas para você. Se vocês dois estiverem satisfeitos fazendo amor na posição papai-mamãe, adicione algumas variações interessantes, como inclinar sua cabeça em um dos lados da cama, levantando os quadris da parceira com travesseiros, ou virar de lado (ainda dentro dela), no meio do ato, para dar chance a ela de ficar por cima.

penetração

25 Provoque-a ao quase penetrá-la nas primeiras cinco estocadas do ato. Depois, na sexta estocada, enfie bem fundo. Faça mais cinco estocadas leves e depois uma profunda e assim por diante.

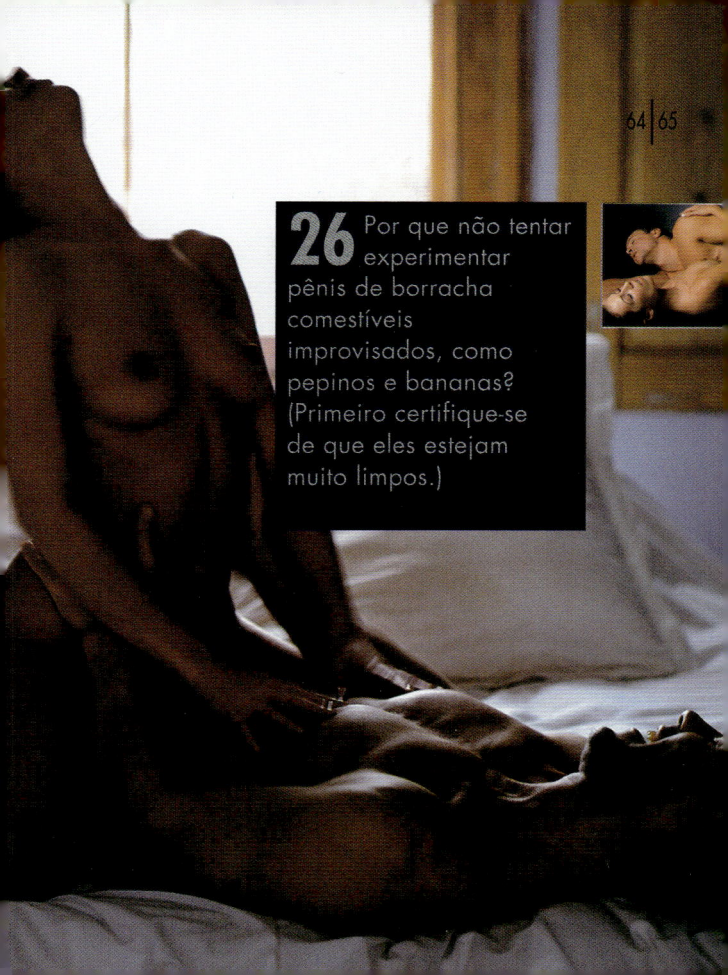

26 Por que não tentar experimentar pênis de borracha comestíveis improvisados, como pepinos e bananas? (Primeiro certifique-se de que eles estejam muito limpos.)

parte um | ações

27 Coloque uma venda nele e o acaricie. Não o deixe penetrá-la até você achar que ele está perto do orgasmo. Depois disso, guie-o para dentro de você de um jeito que seus genitais sejam as únicas partes que ele deve tocar.

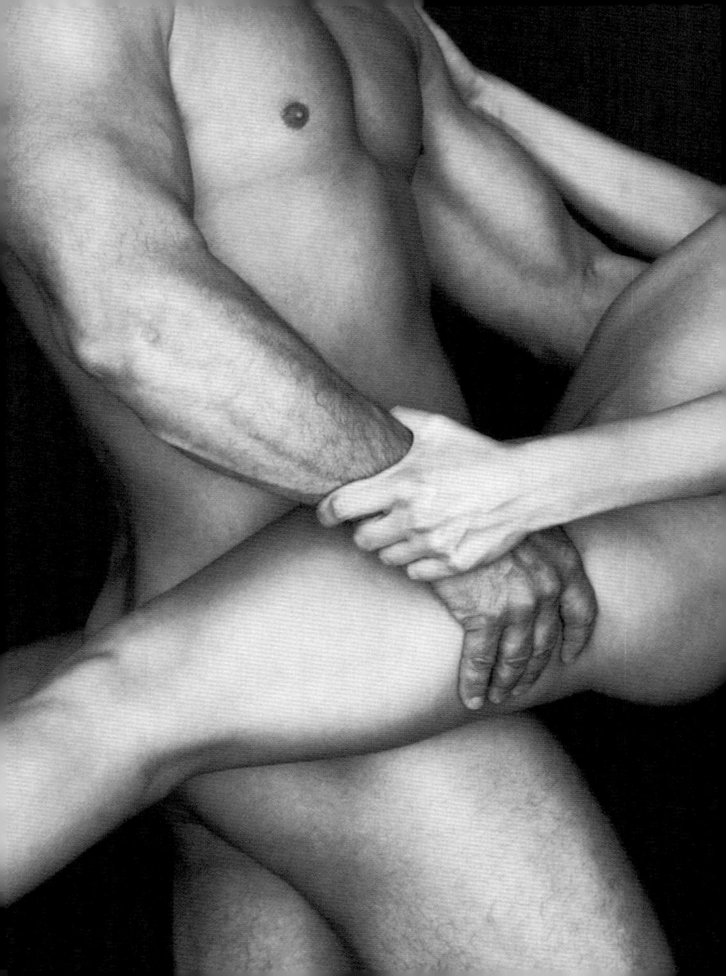

Parte Dois

PONTOS QUENTES

Orelha · Boca · Pescoço · Seios · Umbigo · Clitóris ·
Ponto G · Pênis · Testículos · Bumbum · Dedo do pé

parte dois | pontos quentes

Os pontos quentes incontestáveis do homem e da mulher são o pênis e o clitóris. Esses são os epicentros do prazer sensual e erótico e, dado o estímulo produzido, eles podem transportar você a um estado de êxtase. Mas muitas pessoas dizem que adorariam que se prestasse mais atenção ao resto de seus corpos – em vez de traçarem uma linha reta para os genitais, elas gostariam que antes seus parceiros fizessem amor em outros pontos de seu corpo, especialmente nas partes em geral negligenciadas ou que recebem uma atenção superficial. Se sua vida sexual sempre consiste de uma sessão de beijos, seguida por momentos de tocar os genitais um do outro e pela relação sexual, mude a ênfase – em vez de concentrar-se apenas nas partes do corpo que levarão você ao orgasmo, transforme o sexo em uma longa e sinuosa viagem de descoberta durante a qual vocês dois passam um tempo apenas se tocando. As sugestões nesta parte do livro os encorajam a explorar todo o corpo um do outro – das orelhas aos umbigos e até os dedos dos pés. Se você tiver um orgasmo no processo, ótimo. Mas se não tiver, tudo bem também. A vantagem de fazer do sexo uma experiência de corpo inteiro é que isso desacelera as coisas e lhes dá a chance de ficarem realmente excitados para que, quando vocês tiverem relações, as sensações sejam explosivas!

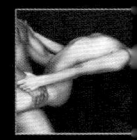

pontos quentes

parte dois | pontos quentes

A orelha é tão sensível que algumas pessoas podem ter um orgasmo apenas por sua estimulação ou "sexo na orelha". Esse "reflexo aurículo-genital" é atribuído a um nervo no canal auditivo. Se seu parceiro (ou parceira) se derrete quando você encosta seu nariz em suas orelhas, tente os seguintes passos, baseados em técnicas de massagem facial indiana. Peça que seu parceiro (ou parceira) feche os olhos. Fique de pé atrás dele e coloque as palmas de suas mãos (que devem estar quentes) sobre suas orelhas por alguns segundos. Devagar, movimente suas palmas em círculos lentos

– peça para que seu parceiro concentre-se no som que isso faz e bloqueie todos os outros pensamentos. Faça movimentos compressores ou circulares ao longo da borda da orelha, desde a parte de cima do topo da orelha até a ponta do lóbulo e de novo até em cima. Agora, insira as pontas de seus dedos nas orelhas, de modo que elas fiquem sobre (mas não *dentro*) a abertura do canal auditivo. Com suavidade, gire seus dedos nas aberturas. Termine cobrindo as orelhas com as palmas de sua mão de novo. Nesse momento, as orelhas de seu parceiro devem estar quentes, vermelhas e latejando.

28 Diga a seu parceiro (ou parceira) para fechar os olhos e sentar-se calmamente. Espere um momento e então use a ponta de seu dedo, ou de sua unha, para traçar com jeito o contorno da orelha. Veja-o se arrepiar.

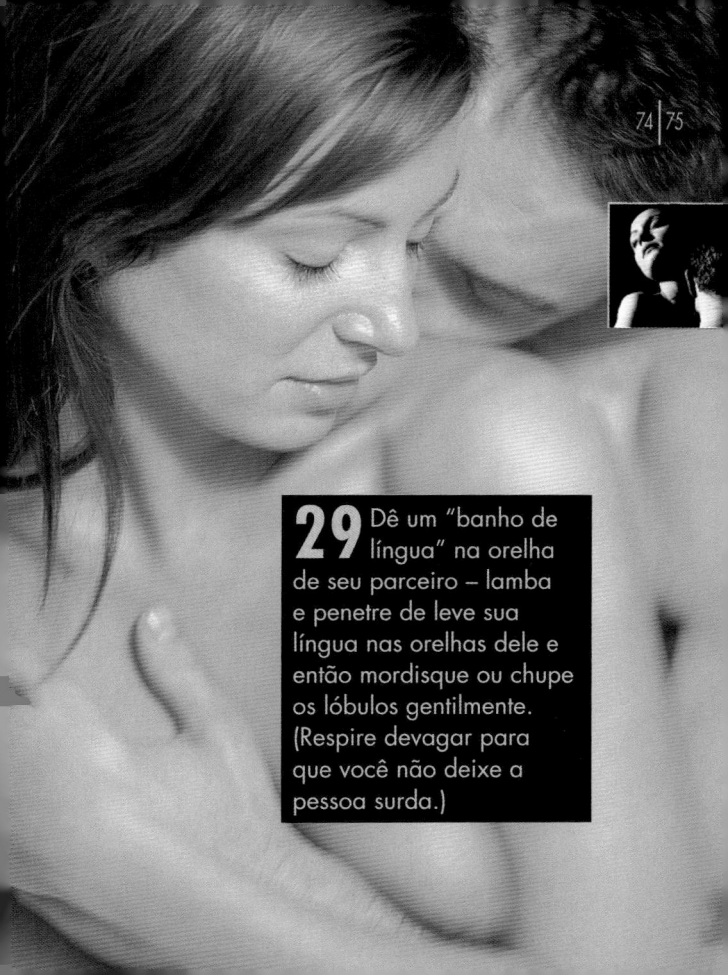

29 Dê um "banho de língua" na orelha de seu parceiro – lamba e penetre de leve sua língua nas orelhas dele e então mordisque ou chupe os lóbulos gentilmente. (Respire devagar para que você não deixe a pessoa surda.)

parte dois | pontos quentes

A boca é um órgão sexual muito versátil: você pode usá-la para lamber, sugar, chupar, roçar, assoprar, beijar, mordiscar e morder. Se você quiser descobrir toda sua versatilidade, tente fazer amor com nada mais do que... sua boca. A combinação de lábios vermelhos e uma língua suave e rosa faz a boca parecer feita para o sexo. Os antropólogos dizem que nós pintamos nossos lábios ou colocamos *piercings* em nossas línguas para chamar a atenção. Em algumas culturas ainda é comum alargar o lábio inferior colocando uma placa dentro dele ou decorar

lamba

a boca colocando "plugues" de metal, marfim ou osso. Alguns casais expressam intimidade trocando comida ou bebida com a boca. Isso se transformou em uma arte erótica no filme *Tampopo* – dois amantes escorregam uma gema de ovo crua para frente e para trás de forma sugestiva entre suas bocas até o momento do clímax, em que a gema se parte. Se você não gosta de gemas de ovo, tente passar *champagne* gelado da sua boca para a de seu parceiro ou dê a ele (ou ela) uma fruta leve, como lichia, cereja ou uva com os seus dentes.

esque

morda

boca

parte dois | pontos quentes

30 Roce devagar e com gentileza a ponta de seu dedo ao redor do contorno dos lábios de seu parceiro (ou parceira).
Então, beije-o nos pontos muito sensíveis nos cantos da boca.

31 Coloque o dedão da mão direita de seu amado(a) na sua boca e use seus lábios, dentes e língua para dar a ele uma minichupada. Faça isso em cada dedo da mão direita da pessoa. Agora repita o tratamento na mão esquerda.

32 Massageie os lábios de seu amor. Use as pontas dos dois dedos indicadores para aplicar uma pressão suave e estática, primeiro ao longo do comprimento do lábio superior e depois no lábio inferior.

parte dois | pontos quentes

Os pescoços, assim como as orelhas e os dedos dos pés, respondem ao toque sensual mandando ondas de prazer que percorrem todo o resto do corpo. Chupar, roçar ou mordiscar o pescoço pode ser um caminho rápido para a excitação sexual. E, se seu parceiro (ou parceira) estiver tenso, uma massagem no pescoço é uma forma fantástica de ajudá-lo a relaxar e sentir-se lânguido e sexy. Coloque uma mão em cima da cabeça de seu parceiro e com a outra mão massageie a base de seu pescoço com seus dedos e o dedão. Escorregue sua mão até o topo de seu pescoço e depois aperte firme a pele e puxe. Faça a mesma coisa na metade de baixo do pescoço e depois de novo na base do pescoço. Isso fica (e cheira) bem se seus dedos estiverem cobertos de óleo de coco. Se quiser, você pode estender a massagem para o couro cabeludo – coloque as pontas de seus dedos com firmeza na cabeça e mova suas mãos em círculos lentos (as pontas dos seus dedos ficam paradas – apenas o couro cabeludo se movimenta). Tentem respirar um em harmonia um com o outro. Essa simples massagem pode levar algumas pessoas a outra dimensão.

parte dois | pontos quentes

33 Se você tiver unhas longas, coloque-as na linha do cabelo em cima de seu pescoço e arraste-as lentamente pelo comprimento do pescoço. O efeito é de dar um frio a espinha.

34 Há três pontos quentes no pescoço: a nuca, a curva onde o pescoço se junta com o ombro e a parte embaixo da mandíbula. Faça uma linha de beijos suaves como uma pluma em todos os três lugares.

35 A começar da parte de cima no cabelo, trace uma linha para baixo na parte de trás do pescoço de seu parceiro (ou parceira) usando apenas a ponta de sua língua. Agora assopre suavemente por toda essa mesma linha.

parte dois | pontos quentes

As mulheres reclamam que, embora os homens usem os lábios (literalmente!) em seus seios, eles não dão atenção suficiente a essa zona erógena. Apesar de a sensibilidade dos mamilos variar de mulher para mulher, muitas dizem que há uma linha quente ligando seus mamilos e o clitóris, e que é possível ter um orgasmo só com a estimulação dos seios. Se isso descreve sua parceira, tente dedicar uma sessão sexual toda a fazer amor apenas om os seios dela. Trace círculos ao redor dos mamilos usando seus dedos, a ponta da língua ou a ponta lubrificada de seu pênis. Belisque e chupe com gentileza os mamilos de sua parceira, beije, massageie e acaricie os lugares onde cada seio se junta com o corpo. Se os seios dela forem grandes, você pode tentar uma prática conhecida: a espanhola – ela usa suas mãos para "embrulhar" o pênis com os seios e o fricciona entre eles. As mulheres com seios grandes podem fazer isso deitadas; as mulheres com seios menores acham mais fácil fazer isso quando estão por cima.

seios

parte dois | pontos quentes

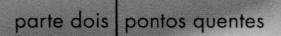

36 Brinque de "quente e frio" com os mamilos de sua parceira. Primeiro, chupe-os com sua boca quente, depois os esfregue-os com cubos de gelo. Em seguida, sopre ar quente antes de levá-los à boca de novo.

37 Belisque com delicadeza os mamilos de sua parceira, depois mexa no mamilo com a outra mão. (Pergunte a sua parceira se ela gostaria que você fizesse isso mais forte ou mais suave.)

parte dois | pontos quentes

O umbigo é sexy porque lembra o formato dos lábios e da abertura vaginal – os antropólogos o descrevem como um "eco genital". Muitos exibem seu umbigo com *piercings* ou tatuagens. Embora essa parte do corpo seja uma zona erógena para alguns, outros acham que a estimulação nesse lugar dá muitas cócegas. Tente explorar o umbigo de seu parceiro (ou parceira) com seus dedos e sua língua – se ele (a) não gostar de penetração no umbigo, use as pontas dos seus dedos indicador e médio para esticar o umbigo formando uma fenda menos aberta e lamba dos lados. Há uma área nas mulheres, aproximadamente uma palma abaixo do umbigo, logo acima do osso pubiano, que pode levar a sensações fantásticas. Espere até ela estar muito excitada, de preferência no ponto do clímax, e depois pressione firme a palma da mão nessa área enquanto estimula ao mesmo tempo seu clitóris ou o ponto G. Peça a ela para dizer a força com que você pressiona (se ela ainda puder falar!). Como uma alternativa, você pode usar um vibrador em vez da palma da sua mão. Essa técnica é uma boa forma de intensificar o orgasmo dela.

umbigo

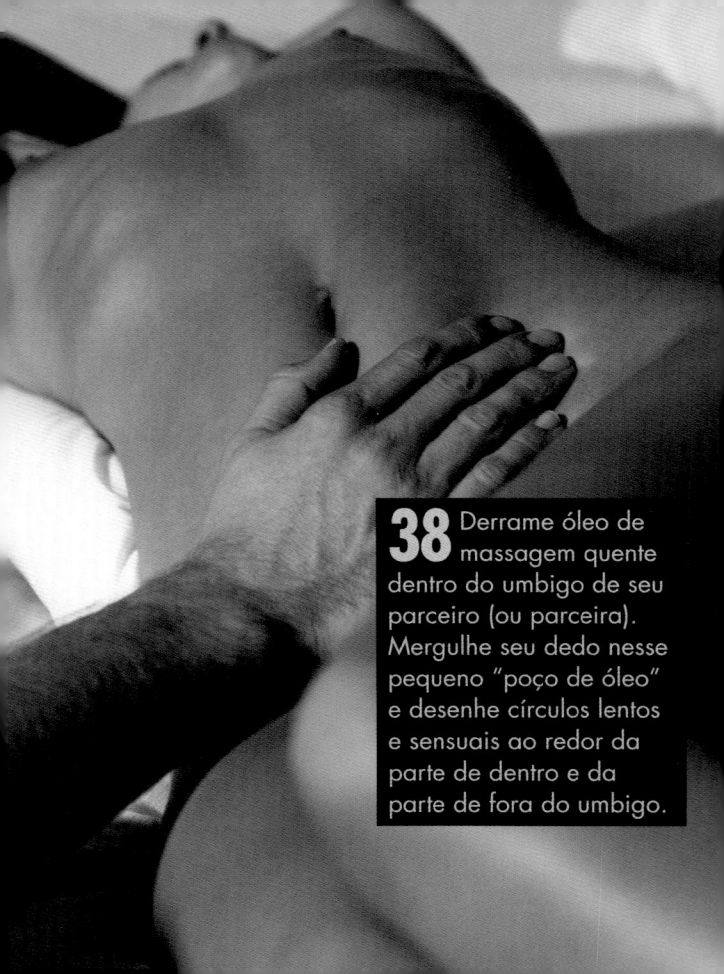

38 Derrame óleo de massagem quente dentro do umbigo de seu parceiro (ou parceira). Mergulhe seu dedo nesse pequeno "poço de óleo" e desenhe círculos lentos e sensuais ao redor da parte de dentro e da parte de fora do umbigo.

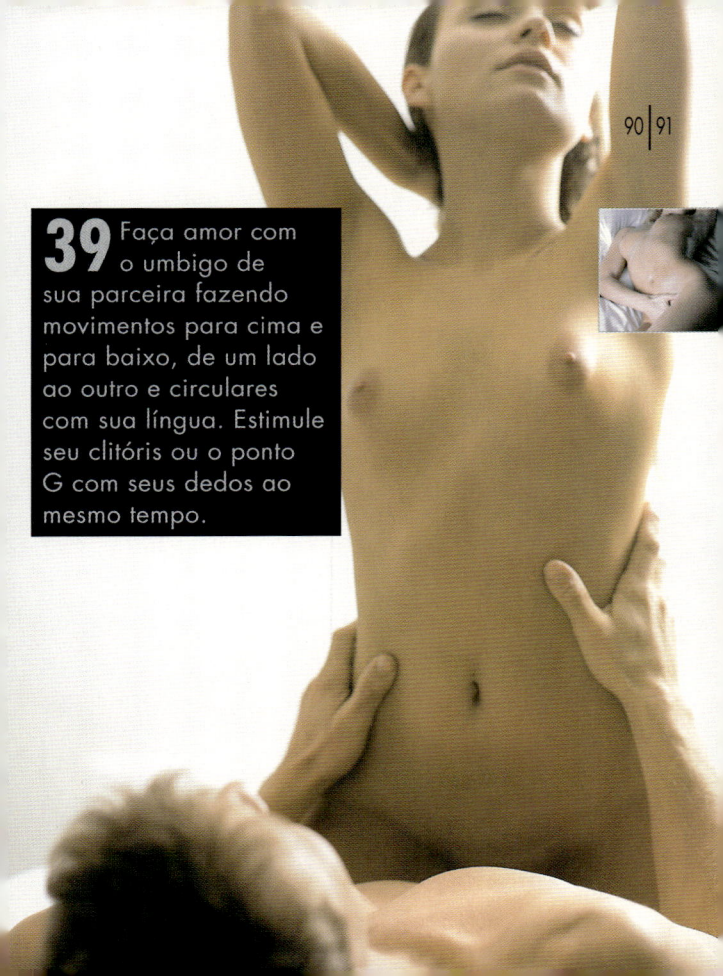

39 Faça amor com o umbigo de sua parceira fazendo movimentos para cima e para baixo, de um lado ao outro e circulares com sua língua. Estimule seu clitóris ou o ponto G com seus dedos ao mesmo tempo.

parte dois | pontos quentes

chupa

O clitóris é chamado de "botão", "feijão", "ponto" e "botão do prazer" – todos os nomes dão a impressão de algo pequeno. Na verdade, ele é enorme – embora você só consiga ver a pequena ponta rosa (a glande), o clitóris se estende para dentro do corpo para formar uma grande rede de tecidos (sinta o corpo do clitóris como um cordão firme e móvel embaixo do chamado capuz clitoriano). E, quando a mulher está excitada, esse tecido fica ereto do mesmo jeito que o pênis. Há muito mistério sobre o clitóris e como tocá-lo. Tente chupar a ponta com jeito, movimentando sua língua de um lado ao outro e de cima para baixo ou usando seus dedos para acariciar ou massagear o clitóris fazendo círculos ou figuras de oito. Tente também colocar seus dedos ou um vibrador na vagina ao mesmo tempo – muitas mulheres dizem que gostam do sentimento "completo" que isso ocasiona. Quando você massageia seu clitóris, peça a ela instruções, como "mais rápido", "mais devagar" ou "mais suave" –, e fique tranquilo porque se estiver fazendo tudo certo, saberá disso pelo rosto dela.

clitóris

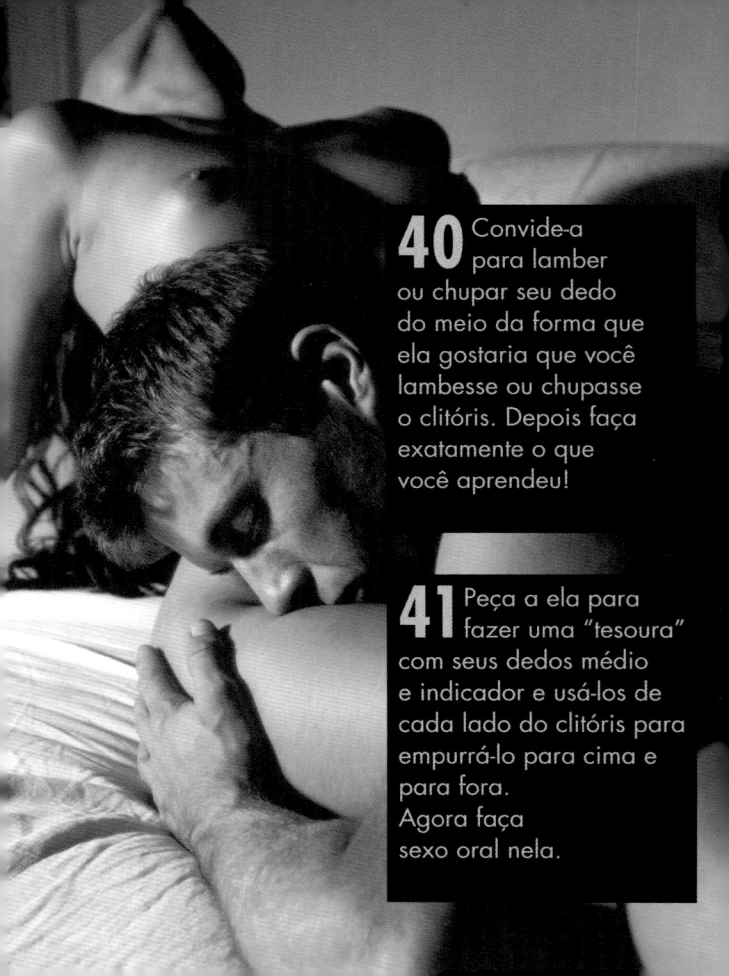

40 Convide-a para lamber ou chupar seu dedo do meio da forma que ela gostaria que você lambesse ou chupasse o clitóris. Depois faça exatamente o que você aprendeu!

41 Peça a ela para fazer uma "tesoura" com seus dedos médio e indicador e usá-los de cada lado do clitóris para empurrá-lo para cima e para fora.
Agora faça sexo oral nela.

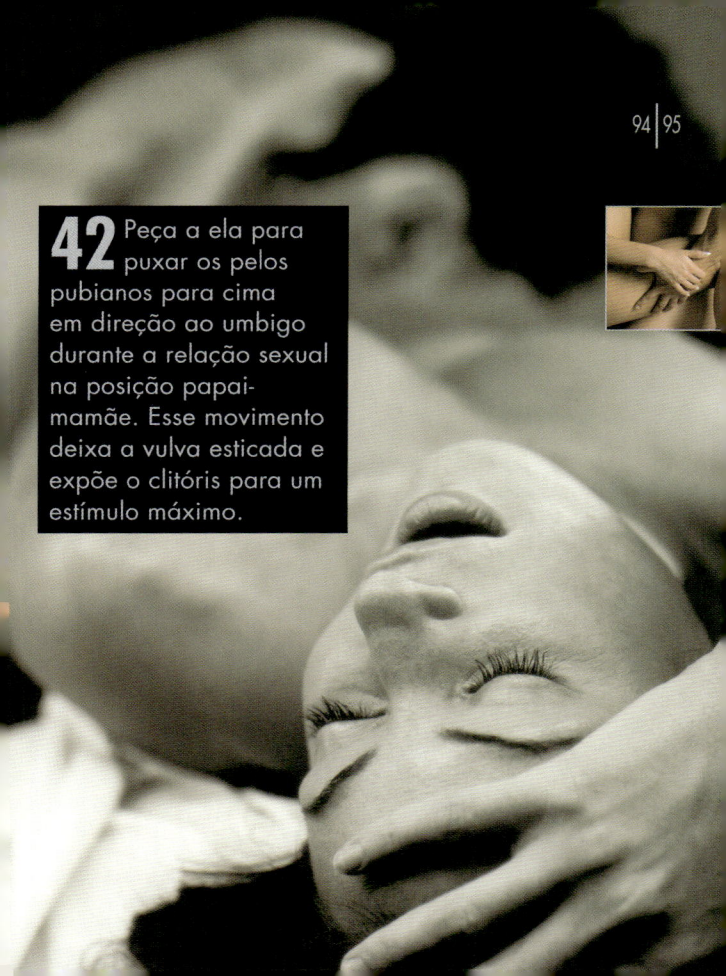

42 Peça a ela para puxar os pelos pubianos para cima em direção ao umbigo durante a relação sexual na posição papai-mamãe. Esse movimento deixa a vulva esticada e expõe o clitóris para um estímulo máximo.

"**não**

parte dois | pontos quentes

para

O "G" no nome "Ponto G" vem de Grafenburg, o nome do ginecologista alemão que localizou pela primeira vez essa lendária zona erógena. Há muitos mal entendidos sobre o ponto G. Ele existe mesmo? Onde ele fica? Todas as mulheres têm? Pelo fato de o ponto G estar escondido dentro da vagina, muitas mulheres não têm certeza sobre o que é exatamente e o que ele faz. De longe a maneira mais rápida de descobrir a verdade é ir a fundo com seu parceiro e explorar seu ponto G. Tente esta

agora

técnica: levante os dedos indicador e médio, dobrando-os em um gesto convidativo. Agora, mantenha seus dedos nessa posição e insira-os em sua vagina. Direcione de forma que as pontas dos dedos toquem a parede vaginal frontal há aproximadamente 5 centímetros da entrada. Tateie até achar uma parte saliente ou aumentada que produza sensações interessantes quando toca nela. Em termos médicos, essa é uma área de tecido esponjoso que cerca a uretra (o tubo através do qual a urina deixa seu corpo). Quando você atingir o

ponto G

parte dois | pontos quentes

ponto certo, pode sentir que quer urinar, pode sentir uma profunda e crescente sensação de prazer ou de novo você pode não sentir nada! Ajuda se você já estiver excitada antes de começar a procurar seu ponto G. Como é difícil colocar seus dedos no lugar certo, peça para seu parceiro fazer isso ou tente alguns vibradores criados especialmente para estimular o ponto G – eles se parecem com vibradores normais, mas tem uma ponta dobrada ou curvada. Muitas mulheres dizem que o melhor tipo de estimulação do ponto G é uma pressão profunda e estática ou uma massagem com firmeza em vez de carícias leves. É importante saber que as sensações no ponto G são muito pessoais e há uma larga escala de resposta, indo de indiferença completa até orgasmo intenso. Embora você possa ficar desapontada se sentir pouca ou nenhuma resposta, com certeza não é estranho nem incomum. Por outro lado, se você for sortuda o suficiente para descobrir a volúpia do ponto G, siga um passo adiante pedindo ao seu parceiro para estimular seu ponto G e o clitóris ao mesmo tempo.

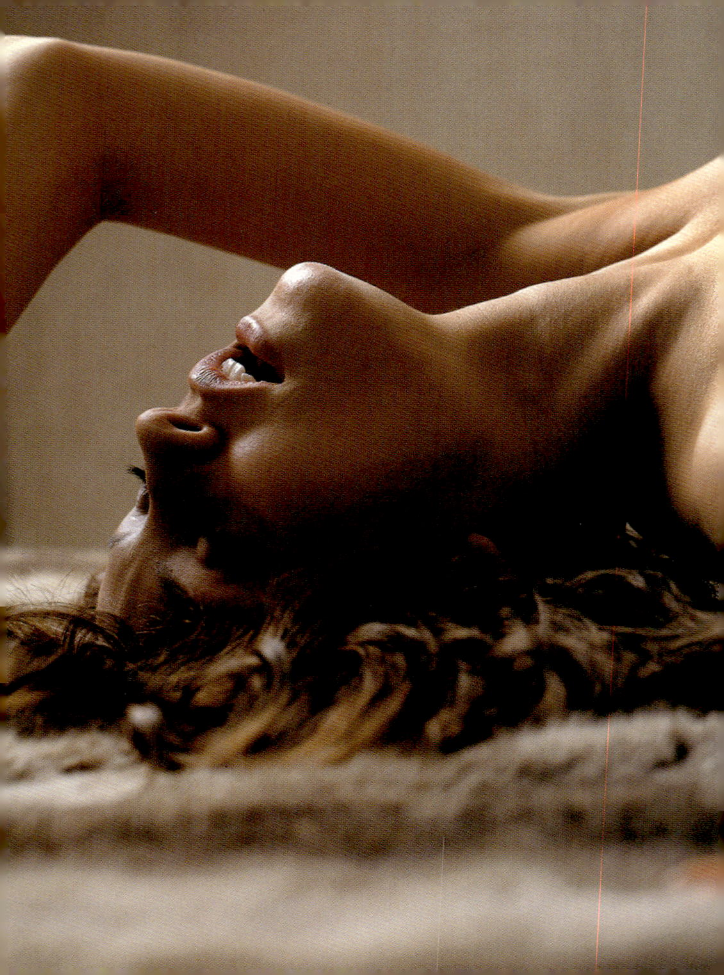

43 Essa posição provocante é ótima para atingir o ponto G dela. Ele deita-se por trás dela de lado e a penetra. Em seguida, ela inclina-se para frente e ele inclina-se para trás (seus troncos formam um grande "V").

44 Homens também têm ponto G. Há uma zona especial de prazer atrás de seus testículos. Tente pressionar ou roçar de leve com as pontas de seus dedos. Você logo saberá que atingiu o ponto certo!

parte dois | pontos quentes

A área quente no pênis é conhecida como ponto F. F significa frênulo – a membrana na parte debaixo do corpo onde o prepúcio se junta ao pênis. Quando você fizer sexo oral em seu parceiro, passe bastante tempo lambendo e acariciando com sua língua esse ponto sensível. Você também pode colocar o pênis em sua boca e inserir seu dedo indicador ou o dedão entre seus lábios para que você acaricie o ponto F manualmente. Muitos homens têm fantasias com a "garganta profunda" – uma técnica de sexo oral em que você coloca o pênis inteiro de seu parceiro dentro de sua boca e da garganta. As mulheres acham isso difícil, porque quando o pênis atinge o fundo da garganta, ele provoca reflexo de vômito. Como uma alternativa à garganta profunda, tente enfiar o pênis na boca o máximo que puder de forma confortável (fica mais fácil se você montar em seu parceiro de frente para os pés dele) e dizer "hum" ou engolir em seco – ele vai sentir como se estivesse sendo engolido. Se preferir usar as mãos para levar seu parceiro ao orgasmo, pergunte-lhe se você pode vê-lo se masturbar. Mesmo que você

parte dois | pontos quentes

já tenha visto antes, observe bem os detalhes. Note se ele usa uma mão ou duas, a posição das mãos, a velocidade dos movimentos e o que ele gosta de usar como um lubrificante. Agora é sua vez. Use muito lubrificante para que seus dedos deslizem e escorreguem sobre o membro dele. Se você quiser experimentar com seus próprios movimentos no começo, ótimo – apenas se lembre de usar movimentos rápidos, rítmicos e familiares até o fim. Depois, descubra do que ele gosta logo depois de atingido o clímax. Alguns homens se sentem muito sensíveis após

escorrega

a ejaculação e querem que você solte o pênis rápido, outros gostam que seguremos seu membro. Se você quiser mimar se parceiro, compre para ele um brinquedo erótico. Embora muitas mulheres tenham experimentado vibradores, em geral, é uma nova experiência para um homem sentir uma fricção rápida em seu pênis. Você pode usar um vibrador comum, mas os melhores mesmo são os vibradores criados especialmente para os homens. Você colocá-los sobre a cabeça do pênis, ao redor da base ou do corpo – e liga.

pênis

e deslizar

45 Faça nele um sexo oral "quieto". Deitem-se um de frente ao outro, de lado, com a sua boca no nível do pênis dele. Leve-o à sua boca, mas fique completamente parada e quieta – deixe-o fazer todo o trabalho.

46 Feche o pênis ereto de seu parceiro com seus punhos cheios de óleo (uma mão sobre a outra). Vire-os em direções opostas, como se você estivesse torcendo uma roupa. Passe sua língua por sua glande ao mesmo tempo.

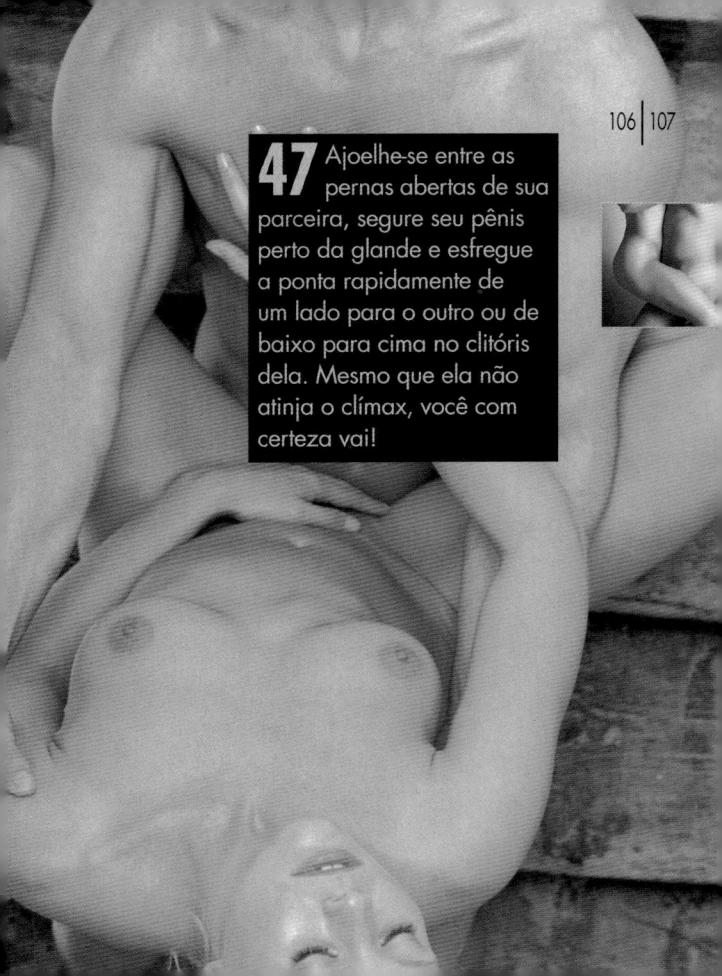

47 Ajoelhe-se entre as pernas abertas de sua parceira, segure seu pênis perto da glande e esfregue a ponta rapidamente de um lado para o outro ou de baixo para cima no clitóris dela. Mesmo que ela não atinja o clímax, você com certeza vai!

parte dois | pontos quentes

jogo c

Os homens amam ter seus testículos segurados, especialmente durante a masturbação e o sexo oral. Para melhorar isso, use uma mão para segurar os dois testículos na palma de uma das suas mãos enquanto a outra abraça o topo do saco escrotal com seu dedão e o indicador. A melhor posição para fazer isso é com ele de pé e você ajoelhada – dessa forma você pode usar seus lábios e língua para lamber, acariciar e chupar seus testículos também. Os homens que gostam desse jogo de boca nas bolas às vezes depilam seus testículos para que a pele do escroto esteja suave e beijável. Se você quiser tentar depilar, faça isso quando a pele escrotal estiver completamente relaxada – por exemplo, após um banho quente. Para homens que gozam muito rápido durante o sexo, há uma ótima técnica que pode ajudar a prolongar a relação. Quando você estiver se sentindo hiperexcitado e perto do orgasmo, alcance os testículos e puxe seu escroto com firmeza (ou peça a sua parceira para fazer isso). Essa ação deve atrasar o clímax por pelo menos um minuto ou dois.

48 Tente colocar ambos os testículos de seu parceiro em sua boca para chupá-los. Faça-o ajoelhar-se por sobre seu rosto, envolva o topo dos testículos com seu dedão e o indicador e coloque-os com gentileza dentro de sua boca.

49 Dê um tratamento especial para ele colocando seus testículos gentilmente na boca e fazendo "hum"! Isso cria uma sensação provocante e quente, fazendo-os vibrar.

parte dois | pontos quentes

Apalpar, arranhar, mordiscar ou amassar o bumbum pode levar alguns à loucura. Tente fazer em seu parceiro(a) uma massagem no traseiro – envolva a parte detrás de suas mãos em óleo e use-as para aplicar uma pressão profunda e estática no centro de cada glúteo. Depois, torça seus pulsos para que suas mãos se movam em meio círculo. Crie seus próprios movimentos de massagem – arraste as pontas dos dedos pelo bumbum, percorra com seu indicador e o dedo médio, desde o topo até a parte debaixo do traseiro, use os lados de suas mãos para aplicar massagem ou, se seu parceiro(a) gostar disso, tente bater de leve. Se seu parceiro(a) realmente gostar de "apanhar", você pode investir em palmatórias de couro ou pele criadas especialmente para esse fim. Para alguns, o apelo do bumbum é visual – firme e de linhas compactas ou cheio e com curvas voluptuosas. Se ele for fanático por bumbum, explore isso ao usar um fio-dental e jeans apertado e fazendo amor na posição "cachorrinho". Ou, se tocar o traseiro firme dele a excitar, faça nele uma massagem enquanto vocês fazem sexo.

parte dois | pontos quentes

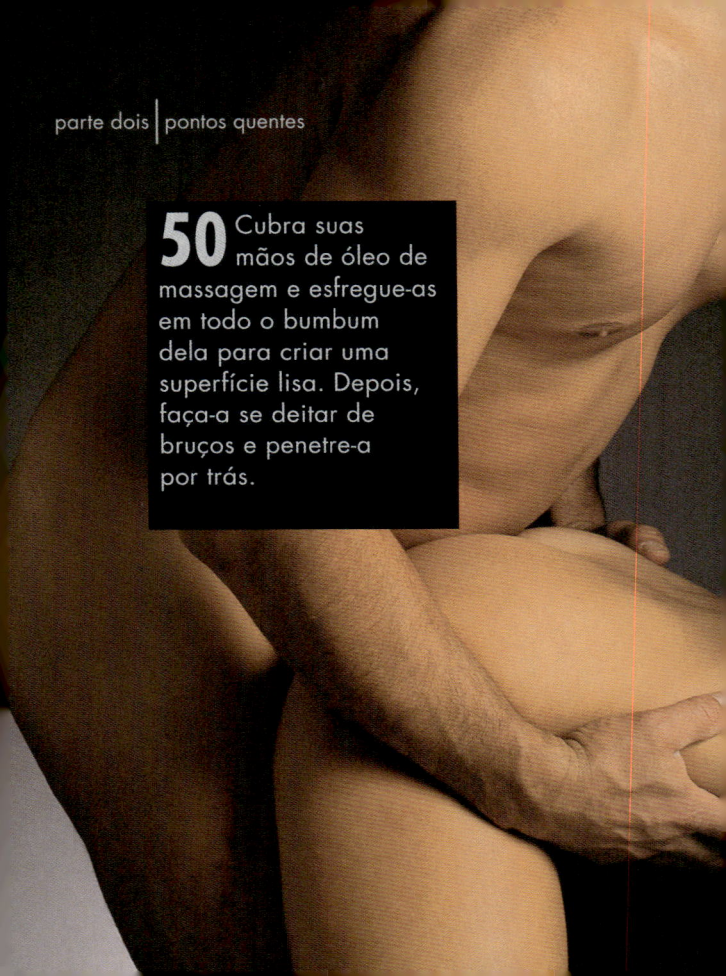

50 Cubra suas mãos de óleo de massagem e esfregue-as em todo o bumbum dela para criar uma superfície lisa. Depois, faça-a se deitar de bruços e penetre-a por trás.

51 Da próxima vez que você estiver no meio de um beijo profundo e apaixonado com seu parceiro, desça sua mão até embaixo, coloque suas mãos em seu traseiro e puxe-o com força em sua direção.

52 Se ela fica muito excitada quando você acaricia seu bumbum, tente aumentar seu prazer usando a outra mão ao mesmo tempo para explorar sua vagina ou estimular o clitóris.

parte dois | pontos quentes

Os pés são uma das partes mais negligenciadas do corpo – eles também são sensíveis. Isso significa que, quando você chupa os dedos de seu parceiro(a), é mais que extraordinário. O segredo de uma boa chupada de dedo é começar no banho. Sentem-se em lados opostos e faça nele uma massagem nos pés com sabão. Depois, seque seus pés com uma toalha aquecida e convide-o a entrar no quarto. Peça-o para deitar de barriga para cima com você a seus pés para que ele possa ver o que você está fazendo. Despeje óleo de massagem em suas mãos,

dedo do pé

esfregue-as uma na outra e segure com firmeza a maior parte do pé de seu parceiro com suas duas mãos por aproximadamente meio minuto (tente isso em si mesma para descobrir como você se sente). Depois, coloque o dedão dele em sua boca e chupe. Ao mesmo tempo, esfregue seu indicador cheio de óleo para dentro e para fora do espaço entre o dedão e o segundo dedo. Faça isso entre cada um dos dedos. Adicione seus toques pessoais, como mordiscar de leve a ponta de cada dedo ou roçar o pé dele com sua boca, para cima e para baixo, enquanto faz contato visual.

parte dois | pontos quentes

53 Use seu dedão para estimulá-la – acaricie seu clitóris com o seu dedão do pé e depois coloque-o dentro dela. O que você perde em destreza vai ganhar em novidade e sensação.

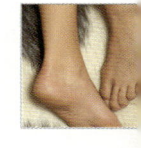

54 Escorregue seus pés para cima e para baixo do pênis de seu parceiro e aplique uma pressão firme em seu períneo com o calcanhar. No sexo tântrico, o centro do prazer no períneo é conhecido como o "ponto sagrado".

55 Conceda a seu amado uma experiência nova – use um vibrador para massagear os lugares delicados e muito sensíveis entre seus dedos dos pés.

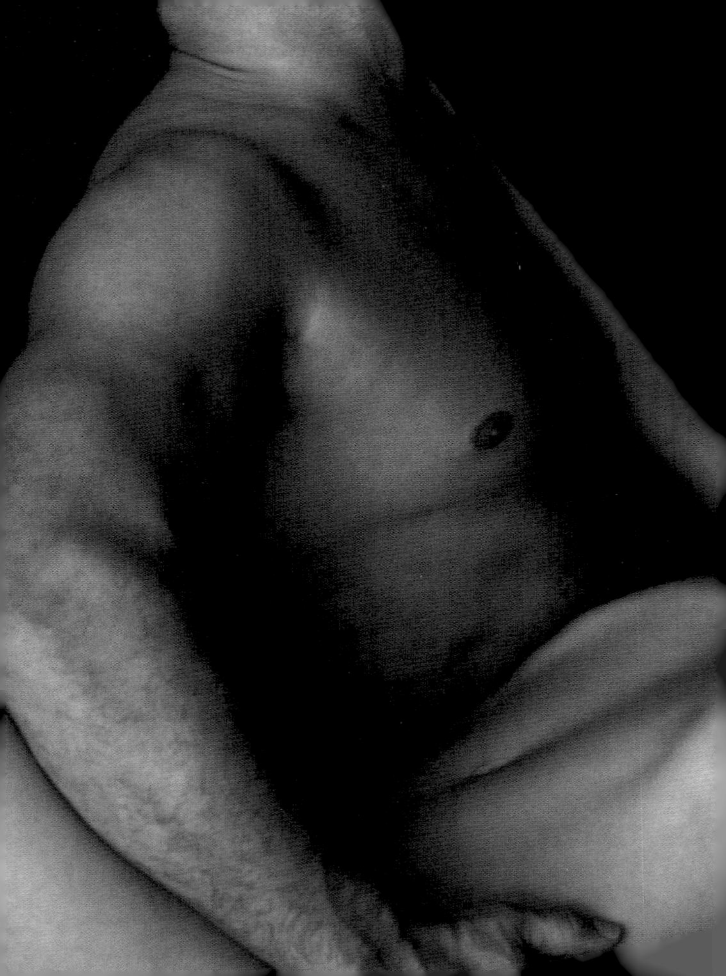

Parte Três

SENTIDOS

Tato · Paladar · Visão · Olfato · Audição

parte três | sentidos

O sexo é, acima de tudo, uma experiência física. É uma oportunidade de excluir todo o resto do mundo e concentrar-se exclusivamente no corpo um do outro. Sexólogos dizem que a raiz dos problemas de seus clientes é que eles fazem sexo "em suas mentes em vez de em seus corpos". Em outras palavras, as pessoas pensam demais durante o sexo. Elas estão ocupadas demais tendo um diálogo interno sobre como elas se sentem – ou como elas acham que os parceiros se sentem – para se entregarem a uma sensação física pura. Um sexo ótimo acontece quando você permite que sua mente fique em segundo plano e você exista apenas no império de seus sentidos. É mais fácil falar do que fazer isso – nossos sentidos ficam entorpecidos pela vida diária e temos que trabalhar duro para reanimá-los. Esse é o momento em que a técnica da atenção é útil. A atenção é a habilidade de estar completamente absorta ou "presente" no momento. Por exemplo, comer uma laranja com atenção envolve estar consciente de nada mais além da experiência sensorial da laranja na sua boca – seu gosto, cheiro e textura. As sugestões nesta parte do livro servem para ajudá-lo a ficar mais atento – a explorar o tato, o paladar, a visão, o olfato e a audição – para que você comece a experimentar o sexo de uma maneira bem física.

sentidos

parte três | sentidos

Às vezes ficamos tão obcecados em atingir o orgasmo que esquecemos como tocarmos uns aos outros. Para redescobrir essa arte perdida, comece por escolher itens que você acha sensuais – por exemplo, seda ou pele falsa. Depois, faça uma massagem em seu parceiro(a) usando não apenas suas mãos, mas também seus cotovelos, braços, pés, lábios e qualquer um dos itens sensuais que você escolheu. Experimente tudo isso no corpo dele(a) com pressões, toques e velocidades diferentes. Depois da massagem, pergunte a seu parceiro(a) do que ele(a) mais gostou e foque nisso. Você pode deixar sua massagem ainda mais sensual guiando-o(a) por uma visualização logo antes. Peça-lhe para imaginar que ele(a) está prestes a receber uma massagem, depois de ter ficado privado do toque por muito tempo. Peça-lhe para focar nas costas e imagine como seria bom se essa área fosse a primeira a ser tocada. Ele(a) consegue fazer a pele de suas costas arrepiar-se e tremer por antecipação? Ele(a) consegue fazer a pele de outras partes de seu corpo reagir desse jeito?

parte três | sentidos

56 Explore a sensibilidade do corpo à temperatura tomando um banho quente com sua parceira em que você molha os pés dela com água fria. Ou coloque uma toalha de rosto aquecida sobre o pênis de seu parceiro após o orgasmo.

57 Use objetos familiares para tocarem-se de formas diferentes. Por exemplo, peça para sua parceira ficar de quatro e passe um lenço de seda ou um colar de contas para frente e para trás em seus genitais.

126 | 127

parte três | sentidos

Alguns gostos são sensuais por natureza. Pode ser o sabor rico e delicioso do chocolate amargo (um renomado afrodisíaco) ou o sabor frutado e espumante do *champagne*. Ou poderia ser o gosto salgado do mar vindo das ostras e do caviar. Alguns dizem até que comer comidas temperadas com gengibre ou pimenta inflama seus sentidos. Quaisquer que sejam os alimentos que os excitem, façam uma refeição com eles. Dispense os talheres e alimente seu parceiro(a) com seus dedos. Alguns gostam de comer no corpo de seus parceiros – tente preparar um banquete na barriga de seu parceiro(a). Escolha comidas que sejam grudentas, doces, cremosas ou suculentas. É claro que o gosto real do sexo vem direto de seu parceiro(a) – comida nenhuma pode se comparar à familiaridade sensual da boca, da pele ou dos genitais da pessoa. Se você for meio reticente em relação ao sexo oral por se preocupar com o seu gosto, lembre-se que as secreções dos genitais contêm afrodisíacos naturais. Os homens podem fazer com que seu sêmen fique mais doce largando o cigarro, o café e a cerveja e passando a comer frutas, como o kiwi.

paladar

parte três | sentidos

58 Adicione um toque especial na relação pedindo a ele para usar um gel sabor menta no pênis. Além disso, experimente chupar uma bala de menta logo antes de fazer sexo oral nele.

59 Diga "seu gosto é delicioso" da próxima vez que fizer sexo oral em seu parceiro(a). Você não só vai ajudá-lo(a) a relaxar, como também vai aumentar sua autoestima e fazê-lo(a) sentir-se muito sensual.

60 Tenha um "sexo à base de champagne". Derrame champagne nas costas da sua mão e passe nos genitais de seu parceiro(a). Agora lamba.

parte três | sentidos

A atração sexual começa em geral com a visão. Quando você vê seu parceiro(a) pela primeira vez, desfruta de todos seus detalhes físicos – como está, anda, senta e sorri, além das roupas que usa. Até a menor expressão facial é fascinante. Mas, uma vez que você familiariza-se com a pessoa, esses poderes de observação fortalecidos desaparecem. Uma forma de mudar isso é praticar o "olhar atento". Isso significa estar completamente presente no momento e aprender coisas sobre o corpo de seu parceiro usando o sentido da visão. Comece ficando em um estado mental meditativo praticando yoga ou tai chi, por exemplo, ou tomando um banho quente. Depois, separe um tempo para vocês apenas olharem para o rosto e corpo um do outro (se isso deixar um de vocês desconfortável, combine com uma massagem). Quando você olhar, concentre-se nos detalhes, como o formato dos lábios, a textura da pele ou a curva dos quadris. Imagine que você não vai ver seu parceiro(a) por um bom tempo e precisa decorar como é seu corpo e seu rosto.

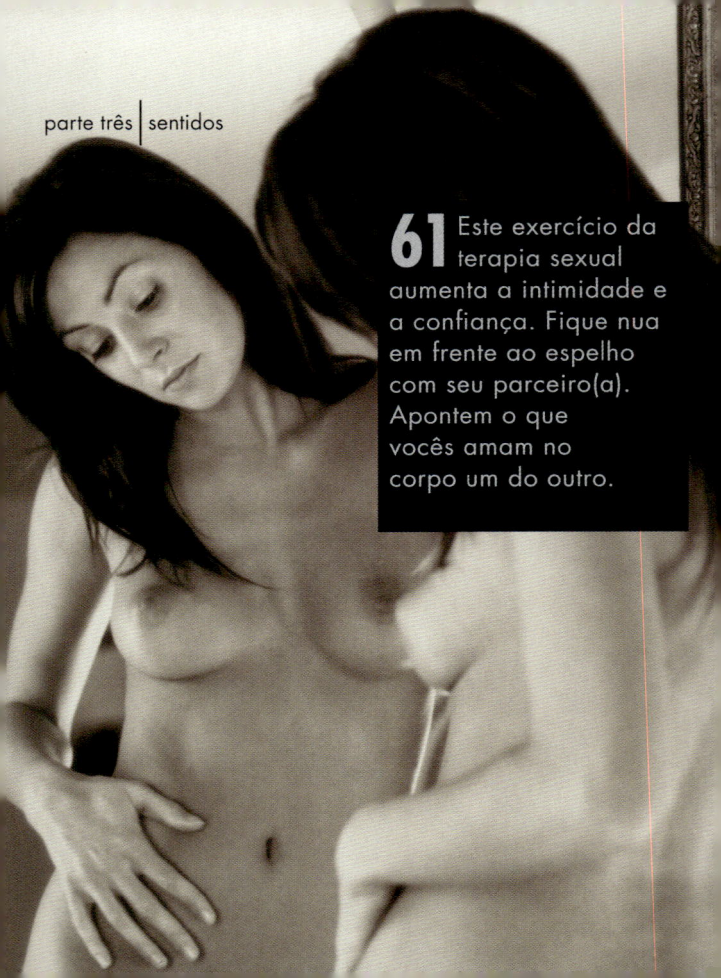

parte três | sentidos

61 Este exercício da terapia sexual aumenta a intimidade e a confiança. Fique nua em frente ao espelho com seu parceiro(a). Apontem o que vocês amam no corpo um do outro.

62 Pratiquem o olhar da alma durante o sexo, olhando profundamente nos olhos um do outro logo antes e durante o orgasmo – vocês sentirão uma sensação incrível de conexão.

63 Assistam a um filme erótico juntos. Ou tentem olhar para uma arte linda e sensual, como o ***Kama Sutra,*** desenhos eróticos japoneses ou ilustrações de livros de cabeceira chineses.

o perfume d

parte três | sentidos

Muitos passam tanto tempo tomando banho e passando creme que, quando vão para a cama, todos seus odores naturais desapareceram. A verdade é que os cheiros corporais são uma arma poderosa para excitação porque contêm produtos químicos chamados feromônios – afrodisíacos naturais. Como diz Alex Comfort, autor de *The Joy of Sex* [O Prazer do Sexo], "O perfume dela pode ser uma arma de longo alcance (nada seduz mais um homem...)". Descubra o poder animal do cheiro – em vez de tomar banho antes do sexo, faça

sua pele nua

uma "viagem de odores" um no corpo do outro. Explore os genitais, os mamilos, os umbigos e as axilas – cada parte tem sua própria fragrância. Note as diferenças sutis entre os cheiros de cada parte do corpo e o efeito que eles têm sobre você. Mulheres: se seu parceiro ficar excitado com o cheiro do seu genital, use-o como um perfume, esfregando seus fluidos vaginais no seu pescoço e nos seios. Em um estudo, as mulheres que fizeram isso alegaram que seus parceiros começaram a prestar muito mais atenção nelas sexualmente.

olfato

parte três | sentidos

64 Encha uma banheira com água quente e jogue um pouco de pétalas de rosa. Tomem banho juntos e ensaboem-se. Quando estiverem secos, espalhem uma loção corporal com odor frutado um no outro.

65 Faça um no outro uma massagem aromaterápica no corpo todo usando um óleo de massagem. Escolha um com qualidade afrodisíaca, como ilangue-ilangue, neroli, jasmim ou sândalo.

66 Um odor familiar que você associa com seu parceiro(a) pode ativar memórias – e excitação instantânea. Fiquem conectados quando estiverem longe um do outro mantendo um pedaço de pano impregnado com "seu cheiro".

parte três | sentidos

Um bom sexo vem com seus efeitos sonoros próprios. Nada se compara aos sons involuntários de seu parceiro(a) respondendo ao seu toque. Sabendo disso, é importante relaxar e fazer tanto barulho quanto você quiser durante o sexo. (Mas há algo deliciosamente obsceno sobre ser forçado a fazer amor em silêncio para que ninguém os ouça – por exemplo, no banheiro de uma festa). Melhor do que ouvir os suspiros, ofegos, gemidos e gritos de seu parceiro(a) na cama é o som de sua voz descrevendo todas as coisas que ele(a) vai fazer com você, então não evite falar sacanagens. As regras do discurso erótico são: primeiro, combine sua voz com o ritmo do sexo acelerando, diminuindo a velocidade, sussurrando e incluindo pausas em que você não faz nada além de respirar de forma apaixonada. Segundo, use a linguagem que seu parceiro(a) usa na cama e fique longe de termos médicos nada sensuais. Terceiro, relaxe e soe como quem está gostando muito. Se você ficar excitado(a), a outra pessoa também ficará – a excitação é infecciosa.

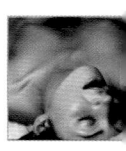

audição

parte três | sentidos

67 Fiquem mais íntimos dançando juntos ao som de tambores africanos. Não se preocupem com as aparências – apenas se entreguem de coração aos ritmos inebriantes.

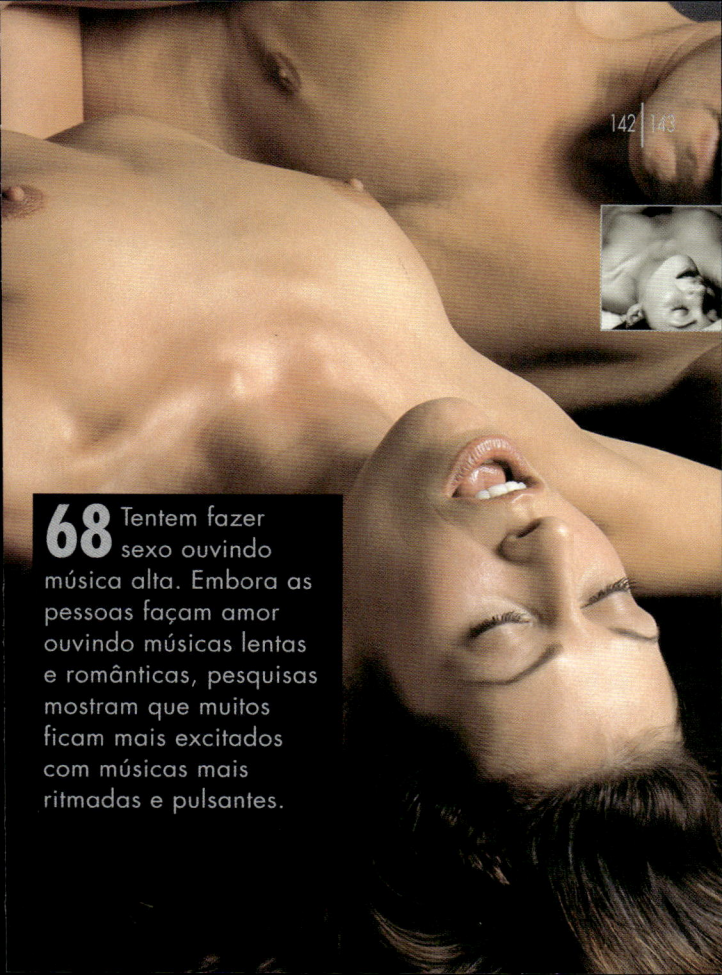

68 Tentem fazer sexo ouvindo música alta. Embora as pessoas façam amor ouvindo músicas lentas e românticas, pesquisas mostram que muitos ficam mais excitados com músicas mais ritmadas e pulsantes.

69 Leia com seu parceiro(a) na cama. Escolha um de seus contos eróticos favoritos e revezem-se para ler as passagens em voz alta com suas vozes mais sensuais e sedutoras.